MODERN DISPLAY ALPHABETS

100 COMPLETE FONTS

Selected and Arranged by

PAUL E. KENNEDY

from the Franklin Photolettering Catalogue

DOVER PUBLICATIONS, INC., NEW YORK

Published in the United Kingdom by Constable and Company, Ltd.,
10 Orange Street, London, WC 2.
Published in Canada by General Publishing Company, Ltd.,
30 Lesmill Road, Don Mills, Toronto, Ontario.

"Modern Display Alphabets: 100 Complete Fonts" is a new work, first
published by Dover Publications, Inc., in 1974. The typefaces shown
were selected and arranged by Paul E. Kennedy. Composition was by
Franklin Photolettering, 415 Lexington Ave., New York, N. Y. 10017,
which firm is able to supply these typefaces in various sizes.

International Standard Book Number: 0-486-23097-X
Library of Congress Catalog Card Number: 74-79330

Manufactured in the United States of America
Dover Publications, Inc.
180 Varick Street
New York, N. Y. 10014

MODERN DISPLAY ALPHABETS

100 COMPLETE FONTS

AAAAAAAABB

CCDDEEFFGGHHHHHH

IIJJJKKKKLLMMMM

MMNNNNNNOPPQQRR

RRSTUUUUVVVVVVW

WWWWWXXXYYYYYZ

aabccddeeffg

ghhijjkkllmmnnoppqrr

ssttuuvvvvwwwxxxyyzz

!?&.,:;""—"".,$$¢1234567890

ABCDEFGHIJKKL
MNOPQRSTUVWXYZ
abcdefghi
jklmnopqrs
tuvwxyz(æ)fiit
1234567890
&.,.;"""'!?.-—()*
$£c%/

ABCDEFGH
IJKLMNOP
QRSTUV
WXYZ
&
abcdefg
hijklmnop
qrstuvwxyz
1234567890
$£¢%/:;!?''""''-()

ABCDE
FGHIJKL
MNOPQRS
TUVWXYZ
1234567890

ABCDEFGH
IJKLMNOPQ
RSTUVWXYZ
abcdefghijklmn
opqrstuvwxyz
1234567890
&.,.;: "``''" !?--—.
()*$$£¢%

AAAAAA

BBCCDDEEE

FFFGGGHHHH

ḤḄḀIʻIiJJJJKKKK

LLMMMMMMMN

NNNΠΠΠΟΟΡΡΡΡQ

RRRRSSTTUUUVVVV

WWWWWXXXXYYYYZ

1234567890

-!?&.,:;'""''"/()()•$¢

AABBCCCDDE
EEFFFGGHIIJJKK
LLMNOPPQRSSS
STUVVVWXXYZ

aabcc

crdeeeffrgch

hiijjkklmnoopqr

rsstuvvwxxyyz

&&..,.::?!i()°°%‡‡

1234567890

ABCD
EFGHIJKLMNOP
QRSSTUVWXYZ

aabb
ccddeeffggh
hiijjkklmnoppq
qrrssttuvwxyyz

G&..--:;"''''^~~ ß&
?/!()¢$1234567890

ABCDEFGH
IiJKLMNOPQ
RSTUVWXYZ
1234567890
?!$¢.,-'""·;()&

ABCDEFGH
IJKLMNOP
QRSTUV
WXYZ
abcdefg
hijklmnop
qrstuvwxyz
1234567890
$.,&?!..;;""■-–′[]()

ABCDEFGGH
IJJJKLLMNOP
QRSTUVWXYZ

abccdeefghhijklm
nopqrrsttuvwxyz

1234567890

'""!?.--_.()()*

&.,:;$$£¢¢%//

A B C
D E F G H I J K
L M N O P Q
R S T U V
W X Y Z
1 2 3 4 5
6 7 8 9 0
¢ $. , ! ? - " " ( )

ABCDE
FGHIJKL
MNOPQRS
STUVWXYZ
1234567890
?!$¢".,&

ABCDEFGHIJKLM
NOPQRSTUVWXYZ
ÆÇØŒ   ळαɒɔæ
abcdefghijklm
nopqrstuvwxyz
1234567890
§§$&ß.,:;Ç¢%/
?!()*-–''«»+®   ¿¡

ABCDEFG
HIJKLMNOP
QRSTUVWXYZ
abcdefghijklmn
opqrstuvwxyzß
1234567890
&.,:;"'"",""!?-–—.·.
()[]«»§†…*
$$£¢º%/

ABCDE
FGHIJK
LMNOPQR
STUVWXYZ
1234567890
&.,;;!?'''''~()
*$¢%/£

ABCDEFG
HIJKLMNOP
QRSTUVWXYZ
abcdefgh
ijklmnopq
rstuvwxyz
1234567890
&.,.;'""$£¢!?--[]

ABC
DEFGHIJ
KLMNOPQR
STUVWXYZ
&.,:;!?""-() $$¢¢%
1234567890

ABCÇDEFFGHIJKLM

NOPQRSTUVWXYZ

abcçdefġhijklm

nopqrstuvwxyz

1234567890

₵$ /% ′'ˆˇ¨ &ß.,:;!?!–"" ()*

A AEBCÇD
EFGHIJKL
MNOŒ
ØPQR
STUVWXYZ
1234567890
$¢%/ &.,:;?!()

AÆBBℂCD
EℇFGHIJKKL
MNOPQQRR
STUVV̆WXYZ
aæbcdefghijk
lmnoœpqrstuvwxyz
$£1234567890¢%
&.,:;'""()!?-*

ABCDEFGHI
JKLMNOPQR
STUVWXYZ
abcd
efghijklmn
opqrstuv
wxyz
1234567890
$.,-:;'!?[]—&

ABCDE
EFFGHIJ
KLMNOPQRST
TUVWXYZ
aabcdeffghijklm
nopqrstuvwxyyz
1234567890
%¢$()?!&..;¡′″-

ABCDEF
GHIJKL
MNOPQ
RSTUVWXYZ
&.,:;!?"–«»()*$$¢%/£
1234567890

ABCDE
FGHIJKLMNO
PQRSTUVWXYZ
abcdefghijklmn
opqrstuvwxyz
1234567890
&.,:;""''!?--.()
¢¢%/$$£

AABCDEFGH
IJKLMNOPQR
STUVWXYZ&

aaaaqb
cddeffgghhijj
kkllmmnnopq
rrsttuuvwxyz
1234567890
$£¢()::'""''!?--%

ABCDEFGH

IJKLMNOPQ

RSTUVWXYZ

abcdefghijklm

nopqrstuvwxyz

1234567890

&-.,:;""!?()

%$¢$

ABCDE
FGHIJKL
MNOPQRS
TUVWXYZ
1234
567890
P/()&£$
¢.,:;'""·|

ABCD

EFGHIJKL

MNOPQRST

UVWXYZ

&.₀°₉°₀°₉° 69'=()

AB
CDEFG
HIJKLM
NOPQRSƒſS
TUVWXYZ

¢%/£

ℰ .,:;!!?¶"'''''~()*$

1234567890

ABCD
EFGHI
JKLMNO
PQRSTU
VWXYZ
12345
6789
0
¢%/$£
&.,;'""'!?-()*

ABCDE
FGHHIJ
KLMNOPQR
STUVWXYZ
&.,:;'""'!?---•()
⊙°%*$$£
12345
67890

AB

CDEF

GHIJK

LMNOPQR

STUVWXYZ

&.,:;'""'!?--•()*$$£

¢%

12345

67890

ABCDEFGHIJKLMN

OPQRSTUVWXYZ

&

abcdefghijklmn

opqrstuvwxyz

1234567890

¢¢%/.,:;'""$$£

!?---·[]*

A

AÆBCÇDEFGH

IJKLMNOŒØP

QRSTUVWXYZ

aæbcçdefghijklm

lmnoœøpqrsßtuv

wxyz

$&.,:;?!()[]*-''%

1234567890

ABCDE
FGHIJKLMNO
PQRSTUVWXYZ
abcdefghijklmn
opqrstuvwxyz
1234567890
&.,.:;!?""''''-()*
$$¢¢%/£

ABCDE
FGHIJKLMNOP
QRSTUVWXYZ
abcdefgh
ijklmnopqrs
tuvwxyz
1234567890
.,:;''""""!?--·()*
&¢¢%£$

ABCDEFGHI
JKLMNOPQ
RSTUV
WXYZ
abcdefghijklm
nopqrstuvwxyz
1234567890
&.,:;!?'""''-()*¢%/$

ABCD
EFGHIJKL
MNOPQRS
TUVWXYZ
abc
defghijklmno
pqrstuvwxyz
&.,:;'""!?--·()*
¢c°/$$£
1234567890

ABCDEFGHI
JKLMNOPQ
RSTUVWXYZ
abcdefg
hhijklmmn
nopqrstu
vwxyz
&.,:;"!?
$1234567890¢

ABC
DEFGHI
JKLMNOPQ
RSTUVWXYZ

abcdefffffifl

ghijklmnop

qrstuvwxyz

1234567890

$ & . , . ; ' ' " " - ! ? ( ) * ¢ % / £

ABBCDEFGHIJJK
LMMNOPQQRS
TUVWWXYZ

aabbcddeef
ffffffffffffffflflftftgghhiijj
kkkkllmnoppqqrrsst
tuuvwwxyyyyzœ

1234456789O

¶§†*#/%@ato℞£$$¢¢

&&&.,:.;---–—˙‚'"'"¨'?¿()°ˇˇˇ^..˜
ı

ABCDEFGH
IJKLMNOPQ
RSTUVWXYZ

a

bcdefghi

jklmnopq

rstuvwxyz

1234567890

&.,:;'''""!?---.()*

$$£ƒ¢¢%

ABCDEF
GHIJKLMNO
PQRSTUVWXYZ

aaa bcc ddd ee
ffi flff ffifflghhh ijkk
kll l mmm nnn oppqrr
ssttt uuu vv wwxxyyyzz
1234567890 :~ -!?&.,:;'""$$¢

ABBCDEFCHIJ
KLMNOPQRS
SSTUVWXYZ
aabcdeeff
fighijklmnop
qrssstuvwxyz
1234567890
69669 &·—_.≠%/✻
$¢£ .,;::···?()[]!

AaBCcDEeF

GHIiJKKLMmN

NOPQRRSSTt

UuVVWUiXYYZ

1234567890

¢%&.,;'""!?-(.)*$

Aa

BCD

EeFGHIiJ

KKLMnNN

OPQRRSStT

UUVVWUXYYZ

1234567890

&.,;;'""!?-()

$*¢%

AABCDECFF
GHIJKLLMM
MNNNOPQRS
TUVWWWXYZ

aabb
cddeffgghijjkl
mmnnoppqqrr
stuvvwwxyz

&.,:;'""!?---.()*
¢¢%$$£

123344
567890

ABCDEF
GHIJKLMNO
PQRSTUVWXYZ

&.,;""""!?--—()[]$

1234567890

¢%/⌐▪ⁱ▪ⁿ ▪▪▪

ABCDEFG
HIJKLMNOP
QRSTUVWXYZ
abcdefghijklm
nopqrstuv
wxyz
&
1234567890
¢%:;'""!?--()$€

ABCDE
FGHIJKLM
NOPQRSTUV
WXYZ

abcdefghijklmn
opqrstuvwxyz

1234567890

¢ %/$£

&.,:; ''""' !?––()

ABCDEFGH
IJKLMNOPQ
RSTUVWXYZ
1234567890
()!!''""#%/*
&.,;:'''...?$¢£

ABCD
EFGHI
JKLMN
OPQRST
UVWXYZ
abcdefffffiffifl
ghijklmmnop
qrstuvwxyz
1234567890
&,.:;!?96699-⚜()
$¢%£

ABCDEF
GHIJKLMNOP
QRSTUVWXYZ
abcdefghijklmn
opqrstuvwxyz
1234567890
.,;?-OO!'""',./%*
$¢£&

ABCD
EFGHIJKLMNOP
QRSTUVWXYZ&
abcdefghijklmn
opqrstuvwxyz
¢¢%/$$£
.,:;'''""!?----··()
l1234567890

AABC
DEEF
GGHIJK
KLMNOPQQQR
RRSSTUVWXYYZ
& &
¢%:;'""!?--()*$£
1234567890

ABCDEFGH
IJKLMNOPQ
RSTUVWXYZ
1234567890
&.:,;;'"'Y!?-–""$¢
[]%

ABCDE
FGHIJKLMNOP
QRSTUVWXYZ
&!;;?-,:""[]/$¢
1234567890

ABCDEFGH

IJKLMNOPQ

RSTUVWXYZ

1234567890

'?""%$[]

&!,;-.

ABCDE
FGHIJKLMNOP
QRSTUVWXYZ

abe

defghijklmno

pqrstuvwxyz

$£¢%/Σ,.,:;'""!?-[]*

1234567890

ABCD
EFGHIJK
LMNOPQR
STUVWXYZ
abcdefghijklmn
opqrstuvwxyz
&.,:::;!?´˙˝˝–()
$$¢%
123
4567890

Aaa AA bbcod

EeFFfgguhh H

H Iiijkkk KlIlm

mmm MMn Nnnn

opppqqq RrrrStZt

TuvuwwwXYYyyyz

1234567890

-!?£.,;'""/[](){}•.,$¢

A

A B C D E F G H H I

J J K K L L L M M N

N O P Q Q R R S T

T U U V U W W X Y Y Z

1 2 3 4 5 6 7 8 9 0

( ) ! ! ' ' " " ... # %

$ ¢ £ . , ; ?

ABCDEFGH
IJKLMNOPQ
RSTUVWXYZ
abc
defghijjklm
nopqrstuvwxyz
$$£ﬁﬂﬀﬄﬃﬆﬅﬂﬅ¢¢%
&ℰ.,:;''''''‚‚!?﹖?———·o()*
1234567890
1234567890

ABCDEFGHIJKLMN

OPQRSTUVWXYZ

aabcdeefghijklmn

opqrrstuvuwxyyzffltt

1234567890

&.,:.;''""!?--.()*

¢¢%/$$£

AABBCCDEEF
FGGHIJKKL
LMMNNOP
QQRRRSTUV
WWWXXYYZ

&

1234567890

$¢.,;:'"-!?()/

AABCC
DEEFFG
GHIJKKL
LMMNNO
PQQRRSTUV
WWXX
YYZ
&.,:;!?'"=-/()$¢
1234567890

AAABBCC
DDEFJGHH
IJJKKLLMMMN
NOPQPQRRSTT
UUVVVWWXYYZ

abbcddeffgghhijjkkll

mnoppqrsttuvwxyyz

1234567890

$$¢-!?&.,:;/[]•

A B C D E F G H
I J K L M N O P Q
R S T U V W X Y Z
1 2 3 4 5 6 7 8 9 0
% / & . , : ; ! ?
' " " - ( ) [ ]
$ $ $ ¢ ¢

AaABCDEEFGHIJK

KLMMMNNNO

PQRPRSTT

UVWXYZ

abcdeffghhijkkklm

mnnopqqrsttuvwxyz

1234567890

%ᕮᒐ。•,$¢⁹-!?&.,;'‘"”/()•

ABCDEFGHIJKL

MMN

NOPQRS

TUVWXYZ

abcdefghijklm

nopqrstuvwxyz

&.,.;'"!?-()

$1234567890¢

ABCDEFGHI

JKLMNOPQRS

TUVWXYZ

ABCDEFGHIJKLM

NOPQRSTUVWXYZ

abcdeffffflſtghijkl

mnopqrstuvwxyz

$&.,:;!?´`˘¨˝-()*¢%/£

1234567890

ABCDEFGG

HIJJKLMNOP

QRSTUUVWWXYZ

abcdefghijklmno

pqrstuvwxyz

1234567890

&.,-""!?()$¢

ABCDEFGG
HIJJKLM
NOPQRS
TUUV
WWXYZ
&.,-""!?()[]¢$
1234567890

ABCDEF
GHIJKLMNOP
QRSTUVWXYZ
abcdefghijklm
nopqrstuvwxyz
[&.,:;!?'""''--.*$¢%/£]
1234567890

AAAAAÆŒ

BBCCDDEEEFFG

GHHIIJJJJKKLLMM

NN

OODŒŒ

ØØPPQQRR

SSTTUUVVUU

WWWWXXXYYZZ

II2233445566778899OO

&E...…⁝⁝??$$CC°%₀°%₀+ ▲!▲!!![]*

A B C D
E F G H I J
K L M N O P Q
R S T U V W X Y Z

&

1 2 3 4 5
6 7 8 9 0

$.,.;!?"/£

ABCDEEFGHIJK
LMNOPQRS
TUVWXYZ
aabcdeeff
ghijkklmnop
qrrssttuvwxyz
&.,:;'""!?--·()·()[]*

ABCD
EFGHIJK
LMNOPQR
STUVWXYZ
abc
defghijklmn
opqrstu
vwxyz
1234567890
&.,:;'""!?-—·()
¢¢%$$£

aaAA AAAA
BBCCGDDDDEEEE
FFGGHHH HiIIJJJK
KKKLLLLMMMMM
MMMMMMNNNNN
NOPPPQrrrrrrSSS
STTTTUUUUUVVVW
WWWXXXXXYYYYZZ

aaaaaa bccc ddee
fff ff ffl fl fl ggggg ghhh
h hiijjjkkk k k ll mmmm
m mnnnn nopp pqrrsss
ttt tuuuuvv wwxxyyy yzz
1234567890
.$¢-!?&.,:;'""''()/•

ABCDEFG
HIJKLMNOP
QRSTUVWXYZ
abcdefghijklmn
opqrstuvwxyz
¢$%¡¿'".,,:;!?--—•()[]*
åäæœöøüßß$$£
1234567890

ABC
DEFG
HIJKLM
NOPQRS
TUVWXYZ
abcdefghijkl
mnopqrstuvwxyz
()&.,;;'-!?""''$¢%
1234567890

AABCDEEFGGHH
IJJKKKLLL
MMNNOPPQRRR SST
TTTUUVVWWXXYYZZ
aa bccddeeee ffffgg
hhhiiiij jkkkllllmmmn
nnn ooopp pqqrrrss ttttt
tuyuvvvvwwwwxxy yyyz
1234567890
%.,$¢ -!?&&.,:;""''/()•

AABC

CDEEFGHIJ

KKLMNNOPQ

RRSSTUUV

WWXYYZ

1234567890

&.,:;""!?-[]*$¢%

aB♭Bꝺd ff
FGꞪꞪꞪꞪ Ɩκκκ
ʟmɲ ᴘᴘϙ sʈʈʊʊ
ʊʊꝟꝟꝡɯɯɯXꝡꝩ

aBBcɒe
FFɡɡGꞪꞪiijꝀκlʟmn
oᴘᴘϙᴦsʈʈʊꝟɯXYꝩz

1234567890
-℥()$¢%.,!?'"

AĄAaÆÆẞBBCÇCDEEF
GHIJKLMMNÑOŒØP
QRSTTUVVWXYZ

aæbcçdefghi
ijklmmnnoœø
pqrsßtuvwxyz
1234567890

. , ^ ʼ ˋ ~ ° ¨

« »

& $ % // . , . ; ? ! ( ) *

ABCDEFGHI
JKLMNOPQR
STUVWXYZ
Th&
abcdefgghijklmnoo
pqrstuvwxyyzfifl fy
.,;:'''""""!?-----·...O[]*
$$£1234567890¢¢%

A À Á Ä Â
Æ B C Ç Œ D
E È É Ë Ê F G H
I Ì Í Ï Î IJ J K L M N O
Ò Ó Ö Ô P Q R S T U
Ù Ú Ů Û V W X Y Z
$ & . , : ; ! ? ' ' ' ' ' ' — — « ‹ › » £
1 2 3 4 5 6 7 8 9 0

AaBC
CDEFGHi
JKKLMMNN
OPQRRSSTt
UUVWWXYYZ
1234567890
&.,;;'""!?-()*$$C%

ABCD
EFGHIJK
LMNOPQR
STUVWXYZ

!!.,.,;;-!?'""()$

&

1234567890

ABCDEF

GHIJKLM

NOPQRST

UVWXYZ

12345

67890

&.,;;!?"" -$$¢¢

A

BCD

EFGHIJ

KLMNOPQR

STUVWXYZ

1234567890

&$$¢¢:,!?'""-()

ABCDEFG
HIJKLMNO
PQRSTUVW
XYZ
1234
567890
$$¢¢&-.,;:!?

ABCDEF
GHIJKLMNOP
QRSTUVWXYZ
&.,;¡!?'""—$$¢ᶜ
1234567890

AaaaaAAAAA
BBBCCDDDEE
EEEEFFFFGGH
HHHHIiiiiiIIJJJ
JKKKKKKKKKL
LLLLLLLLLLLMMM
mmmmMNNnnnn
NNNNNOPPPPQ
QRrrrrrrrrrrrR
RRSStTTTTUUU
UVVVVVVWWW
XXXXYYYYYZZZ
-!?&.,:;''""/()•%.,$¢
1234567890

ABCDEFGHIJKL
MNOPQRST
UVWXYZ
abcdefghijk
lmnopqrstuvwxyz
$£€,.;"''"!?--.()*¢¢%
1234567890

AΛΛΛAÆBBCCÇD

EFGGHIJKLMM

NNOŒØPQRS

TUUVVWW

XXYYZ

$!?+

¢O%/_.

&&ₐ.,;?!O

FFFFFJJJ ^´~''°

«»

1234567890

ABCDE
FGHIJKL
MNOPQRST
UVWXYZ
&!?--/.,:;
123456
7890

ABCDEFG
HIJKLMNOP
QRSTUVWXYZ
abcdefghijklmnop
qrstuvwxyzckch
1234567890
-,;:"'!?()«»&